AF586875

5me ANNÉE.

EXTRAIT DE LA RENOMMÉE,
REVUE POLITIQUE, PARLEMENTAIRE,
Littéraire, etc., etc.

# NOTICE

SUR

# M. DUSOMMERARD,

AVEC EXPLICATION ET DÉTAILS DE SON MUSÉE.

PARIS,
AUX BUREAUX DE LA RENOMMÉE,
1, Rue Favart, place des Italiens.

1845.

# NOTICE

SUR

# M. DUSOMMERARD.

Que de souvenirs artistiques attachés à ce nom; que de services rendus par M. Dusommerard à la cause de l'art national, que de monumens historiques sauvés par ce savant modeste de la ruine et de l'oubli des contemporains ! Qui posséda jamais, à un degré aussi éminent, la science du passé, le goût des merveilles de tous les âges, l'intelligence poétique des beautés enfouies sous la poussière et les décombres des siècles ? M. Dusommerard n'était ni l'émule ni le rival de Pierre Lescot, de Philibert

Delorme, de M. Alexandre Lenoir, de M. de Caylus; c'était un homme à part, plus qu'un antiquaire, plus qu'un savant illustre: il n'écrivait pas l'histoire, il n'avait point entrepris de la faire revivre, le pinceau ou l'ébauchoir à la main, il avait compris sa mission sous un autre point de vue. C'est en réunissant les débris épars de douze siècles qu'il les déroule sous nos yeux, avec leurs vieilles mœurs, leurs usages, leurs meubles, leurs costumes, leurs armes, toutes leurs reliques enfin. Il n'a rien rappelé, rien reproduit, rien décrit, mais il a passé trente années à rechercher les matériaux précieux de son œuvre, et lorsqu'à force de travaux, d'études et de persévérance, il est parvenu à les réunir en nombre suffisant, alors il s'est mis à les classer selon leur époque et selon leur valeur, il a jeté la lumière au milieu de ce chaos de vestiges séculaires, et, comme nous venons de le dire, il n'a point écrit, point reproduit l'histoire, il l'a recomposée avec ses propres dépouilles.

Cette tâche immense, M. Dusommerard l'a accomplie à lui seul, il a vu le terme de ce pélerinage solennel, sans s'être reposé une journée au bord de la route, sans que la fatigue et les aspérités du chemin l'aient obligé à s'appuyer sur un bras étranger, à implorer l'assistance d'un guide. En vérité, il est presque fabuleux qu'un homme ait pu se tenir debout et courageux pendant une si longue course; il faut que la passion de la science enfante, ainsi que l'apostolat religieux, des miracles de prosétylisme. Et chose incroyable en présence d'un résultat si imposant, M. Dusommerard n'était pas riche; les ressources pécuniaires qui lui ont suffi pour réaliser le rêve magnifique de sa pensée, il les puisait en partie dans un travail étranger à son œuvre principale, dans des fonctions administratives qu'il sut remplir constamment avec un zèle vigilant et assidu.

M. Alexandre Dusommerard est né à Bar-sur-Aube, en novembre 1779. Son père occupait une place dans les finances. A l'âge de quatorze ans, il s'engagea volontairement, lors des premières guerres de la Vendée: au bout de trois ans et demi de service, il quitte l'uniforme pour entrer à la cour des comptes, et, un peu plus tard, à l'époque de la formation de la légion dite *Légion-Bonaparte*, il se réengagea, pour fournir le temps de service effectif exigé pour jouir des bénéfices d'un congé définitif. Sa place à la cour des comptes lui fut conservée; on la confia à son frère, par intérim, durant ce second séjour qu'il fit sous les drapeaux.

En 1807, M. Dusommerard fut nommé employé de seconde classe, et, lorsque les événemens de 1814 eurent ramené l'ancienne dynastie sur le trône, il se rangea parmi ses plus chauds partisans. Il lui était resté des phases terribles de notre révolution, une vive impression sur laquelle il aimait à revenir par de curieux détails, et des idées monarchiques fortement enracinées. Ces idées, qui s'étaient développées en lui au milieu du tumulte des camps, et qu'on a attribuées soit à un sentiment d'intérêt pour les siens, soit au hasard, soit à la réflexion, avaient peut-être une autre cause encore, moins saillante aux regards, mais rationnelle assurément dans un homme de ses goûts et de son caractère. M. Dusommerard ne pardonnait pas à la révolution d'avoir brisé de ses mains impitoyables non seulement les hommes et les grands noms du passé, mais encore les monumens, les autels, les tombeaux, les châteaux, les meubles, toute la magnificence, toutes les traces de l'art d'autrefois. Les édifices mutilés, les statues et les bronzes vendus à l'encan, les populations ameutées autour des cathédrales et faisant un feu d'horrible joie avec les tableaux, les statues et les images, avaient soulevé dans son âme une pieuse indignation contre les auteurs de ces profanes et stupides ravages.—Les vendales du cinquième siècle, disait-il souvent, n'ont jamais brisé tant de chefs-d'œuvre !....... — N'était-ce pas assez de l'outrage, sans que de sacrilèges iconoclastes vinssent se ruer sur les marbres taillés par le génie, immortalisés par le ciseau de Jean Goujon et de Germain Pilon! Aussi, M. Dusommerard vantait-il à tout propos les défenseurs et les protecteurs de l'antiquité. Il avait souvent à la bouche le rescrit de Théodoric : *de conservatione ædificiorum*, où il est dit que le respect public, plus encore que la force et la surveillance, doit être la sauve-garde des monumens et de la beauté de Rome, les dégradations des monumens de nos aïeux devant être un sujet de deuil pour tous. — Roi barbare tant que vous voudrez, s'écriait-il, mais voilà un rescrit qui le sauve, et d'ailleurs n'est-ce pas ce même Théodoric, le grand admirateur de la Rome d'autrefois, de la Rome qui va disparaître, qui s'écrie : « Le bonheur des temps se prouve par la joie des peuples ! »

On comprend que, sous l'influence de pareils regrets, M. Dusommerard ait pu se montrer hostile au fait de la révolution et par suite au gouvernement impérial, issu des dernières convulsions de la république. Officier à l'armée d'Italie, en 1800, ce fut en foulant cette terre classique, ce berceau de tous les arts, que son imagination s'ouvrit plus largement aux pensées artistiques et qu'il conçut ses premiers plans de collection ; dans les rangs de cette armée, enthousiaste de gloire et de combats, les hommes voués au culte de l'art et de la pensée étaient rares : une redoute à enlever, un corps d'ennemis à débusquer, préoccupaient bien plus les esprits que toutes les merveilles de l'Italie. Paul-Louis Courier se reposait de ses travaux militaires en consacrant ses loisirs à l'examen des bibliothèques, à la découverte des anciens manuscrits, à de savantes productions ; c'est que Paul-Louis n'était pas seulement un brave officier, mais un de ces apôtres de la science qui glanent partout au profit de leur passion, qui ennoblissent cette passion par les dangers, qui ont droit à la reconnaissance nationale parce qu'ils rendent de grands services et sauvent d'illustres souvenirs. Il en était de même de M. Dusommerard : déjà il entrevoyait à travers les nuages de l'avenir le sommet de l'édifice dont il allait jeter la base ; il savait quels obstacles il lui faudrait surmonter avant d'atteindre à ce faîte glorieux, et fondateur intrépide, il ne recula pas un seul instant devant les difficultés et les périls de son entreprise.

En 1814, il s'empressa donc de témoigner son zèle à la famille royale, comme membre de la cour des comptes et comme capitaine de la garde nationale; en 1815, il signa l'acte additionnel, s'inscrivit contre la déclaration des chefs de légions tendant à conserver la cocarde tricolore, et, en janvier 1816, il fut nommé chevalier de la Légion-d'Honneur. Dans le courant de cette même année, il siéga parmi les jurés qui eurent à prononcer dans l'affaire dite du *Nain tricolore* ; mais, quelle que soit la part pour laquelle il ait contribué à défendre les intérêts de la Restauration, ce qu'il y a de certain, c'est que jamais M. Dusommerard ne régla ses opinions politiques sur ses avantages personnels. Il ne sollicitait rien, il n'enviait rien au delà de sa position, si ce n'est le bonheur d'accroître par ses veilles et ses études la tâche qu'il avait commencée. Dans ses loisirs, il étudiait la peinture et le dessin comme amateur. Ce fut lui qui découvrit le talent de Xavier Leprince, de Léon Cogniet ; les premières esquisses de Géricault et d'Eugène Delacroix eurent ses suffrages ; il encouragea M. Théodore Gudin, le premier il comprit tout ce que recélaient ses brillantes dispositions ; Gudin voulait se borner à l'aquarelle, les avis de M. Dusommerard le menèrent à la peinture, où il a pris une si belle place. Il a compté parmi les personnes de goût très rares qui défendirent avec courage la touchante originalité des œuvres de Prud'hon et son noble caractère ; Thiénon, le paysagiste, un des hommes qui ont le plus marqué dans la peinture, il y a quinze ans, lui dut l'appui le plus bienveillant et une amitié éclairée qui ne s'est jamais démentie ; plus tard il reporta sur le fils cette généreuse affection qui lui ouvrit la carrière et lui en applanit les aspérités. Sans fortune et seulement avec quelque aisance acquise, il devint, par son crédit, le Mécène de tous ces jeunes gens appelés à de belles destinées ; c'était dans l'intimité la plus douce qu'il exerçait cette influence active et bienfaisante ; une de ses pensées était d'indiquer au pouvoir les jeunes gens qui devaient échapper à la conscription, dans l'intérêt et la gloire du pays.

Il avait épousé Mlle Saint-Simon, fille d'un chef de bureau au ministère des finances, vieillard très respectacle, mort depuis dans un âge avancé. M. Dusommerard occupait alors avec sa nouvelle famille, composée de son beau-père, de sa jeune femme et de Mlle Simon, sa belle-sœur, un modeste appartement dans la rue de Ménars ; une petite résidence d'été qu'il possédait à Pantin était quelquefois le rendez-vous de cette bonne et aimable famille, au sein de laquelle régnait l'union la plus franche et qui était toujours ouverte à ses amis d'élite, dont la mission semblait être de conserver parmi nous, au milieu des temps orageux de la guerre, les traditions de l'intelligence et l'esprit des arts. En ce temps là, les artistes n'étaient pas considérés comme ils le sont aujourd'hui ; pour beaucoup de gens la qualification d'artiste ne présentait que l'idée d'un Lantara sortant du cabaret ; M. Dusommerard parvint à détruire cette injuste prévention. Des soirées où les heureux du jour voyaient improviser à la fois trente dessins de divers genres par les Gudin, les Grenier, les Renoux, les Enfantin, les Leprince et tant d'autres, aux accords mélodieux des Bériot, Tulou, Labarre, Foignet, Damprat, etc., devinrent si recherchés, que force fut à leur ordonnateur d'y renoncer au bout de quelques années. C'est à partir de cette époque que l'art se popularisa et que naquit le goût, si profitable aux artistes et à leurs courtiers, des *album* de salons et des collections de dessins modernes.

Quelques esprits généreux ayant conçu, en 1816, l'idée de faire revivre la société des Amis des Arts, M. Dusommerard se voua tout entier à l'organisation, aux progrès et au maintien de cette belle institution. Pendant dix-neuf années, dans plusieurs desquelles le produit des actions s'est élevé au-dessus de quatre-vingt mille francs, cette société a plus fait qu'aucun gouvernement, dans le même intervalle de temps, pour les arts et particulièrement pour la gravure. Ces résultats, au succès desquels M. Dusommerard a pris la part la plus active, sont le fruit d'efforts soutenus en dépit des distractions politiques et des défections amenées par ces circonstances mêmes, comme par le changement de position d'un grand nombre de coopérateurs. Leur but et leur utilité réelle étaient d'affranchir nos jeunes talens du joug que précédemment leur imposait le commerce, intéressé à retarder le développement de leur réputation et à exploiter sourdement leurs œuvres en les accaparant, jusqu'au jour où *le classement* de l'artiste en décuplait la valeur.

En 1823, M. Dusommerard fut nommé conseiller-référendaire à la cour des comptes et vice-président du collége électoral du deuxième arrondissement de la Seine ; le 6 janvier 1831, une ordonnance royale l'éleva au rang de conseiller-maître. Cette augmentation de traitement lui procura plus d'aisance et en même temps plus de liberté pour se consacrer à la *mise en scène* de notre histoire nationale. Son cabinet, qu'il enrichissait chaque jour de tableaux, de meubles antiques, de médailles, de minéraux, témoignait d'un goût fin et passionné pour ce moyen-âge que l'époque ne comprenait plus. Bientôt il parcourt la France dans tous les sens, tous les vieux pays deviennent le théâtre de ses recherches, toutes les ventes de vieux mobiliers l'intéressent; il étudie les monumens restés debout, il essaie de défendre ceux que l'on projette d'abattre, il décrit ce qui ne peut être sauvé... Il s'empare de tout ce qui peut rappeler les traces d'une société, les costumes comme les opinions, la civilisation ou la barbarie des époques. Ce travail de trente ans fait de débris retrouvés des preuves de l'histoire.

Laissons parler maintenant M. Jules Janin qui, le lendemain même de la mort de M. Dusommerard, lui a composé un admirable éloge funèbre, l'un des plus beaux ouvrages qui soient sortis de la plume du célèbre feuilletoniste.

« Quand il eut bien agrandi sa collection, M. Dusommerard pensa qu'il était temps de la mettre en ordre, et, comme complément à sa passion dominante, il imagine de la transporter tout simplement dans le plus vieux palais que possède la France, ruine imposante encore, qui porte d'une façon solennelle le nom de Julien l'empereur. Dans cet étroit espace où vous pouvez retrouver encore d'admirables vestiges de l'architecture romaine, quatorze siècles ont passé sans emporter, comme font les siècles qui passent, ces murailles emportées par les premiers conquérans des Gaules, par les premiers rois de la France, Constance Chlore, Julien, Valentinien, Gratien, Clovis, Childebert, Dagobert, Charlemagne, sans compter les grands vassaux des douzième et treizième siècles, et les saints abbés, et les vaillants soldats, et Louis XII, et François Ier, et les provocateurs de la ligue, et les saintes exilées de Port-Royal-des-Champs; singulière enceinte toute remplie des derniers efforts de l'antiquité païenne, des premiers commencemens de la foi chrétienne, aujourd'hui palais des Césars, et le lendemain palais des Abbés de Cluny ; aujourd'hui le temple de Calvin, et plus tard la chapelle sainte où vint se réfugier, durant la persécution, la mère Angélique Arnauld, cette sainte de tant d'esprit et de courage, un des plus nobles martyrs de Port-Royal.

« L'idée d'abriter ainsi, dans une si grande ruine, tous ces fragmens ramassés çà et là au milieu de tant d'autres ruines, était à coup sûr grande et belle. Pareille idée eût fait honneur à un homme d'état ; il est donc juste d'en tenir compte à M. Dusommerard. A lui tout seul, il l'a exécutée, à lui tout seul il a tenté de remettre en honneur tant de grandes choses. Comme il n'était pas assez riche pour acheter le palais des Thermes tout entier, ou seulement pour occuper l'hôtel de Cluny, il avait imaginé d'en louer, sa vie durant, la partie la plus pittoresque et la mieux conservée. — On fait ce qu'on peut, disait-il ; que Dieu me prête vie, et ce sera autant de gagné sur les barbares..... — Un jour, l'ambassadeur d'Angleterre, se trouvant à l'hôtel de Cluny, et tout émerveillé de cet immense entassement de tant de choses: — Monsieur, dit-il à l'antiquaire, remettez-moi la clef de votre maison, et l'ambassade vous compte six cent mille francs, ce soir. — M. Dusommerard tenait la clef entre ses mains, il hésita un instant, mais à la fin : — Milord, dit-il, l'Angleterre s'est déjà fait tout un moyen-âge avec nos dépouilles, il ne sera pas dit que je l'aurai augmenté. — Et ils se séparèrent pour ne plus se revoir.

« L'hôtel de Cluny, grâce à M. Dusommerard, est assez connu pour qu'il soit inutile d'en faire une description faite si souvent. Le savant et bienveillant antiquaire, que pleurent les arts, n'avait pas voulu garder pour lui seul toutes ses richesses, mais au contraire en faisait-il les honneurs très volontiers. Chaque semaine, il avait un jour où tous les amis des belles reliques historiques étaient les bien venus dans le vieux manoir. Vous entriez d'abord dans la chapelle (1490), qui était admirablement conservée, et là soudain, au milieu de ces dais, de ces guirlandes, de ces grappes, de ces pampres, de ces blasons aux armes de Charles VIII et de Louis XII, vous vous trouviez en plein moyen-âge. Ici le rétable de l'abbaye d'Everborn, orné des plus belles figures flamandes, plus loin les belles croix portatives, l'ostensoir en cuivre doré (1304), la crosse d'ivoire en vermeil, le bâton du chantre, et plus loin encore l'attirail brodé des chappes, des chasubles, des étoles, des tuniques, et les émaux de Limoges, les peintures grecques à l'encaustique, le lutrin, et sur ce lutrin de beaux manuscrits aux armes de Henri III; l'illusion est telle que vous respirez le vieil encens de cet oratoire, encens perdu, qui est revenu à la suite de tout cet art chrétien. Prenez garde seulement au plus dévot, c'est-à-dire au mieux baissé de ces capuchons; sous ce capuchon M. Dusommerard avait caché la tête de Voltaire, et il riait de ce bon rire des facéties d'autrefois, au temps des *adveniaux amoureux* et des *facéties d'Entrapel.*

« De la chapelle, vous passiez dans la *chambre de François Ier* ou plutôt *de la Reine Blanche*, et cette fois vous aviez sous les yeux l'ensemble complet de toute la magnificence royale ou populaire des siècles passés. La porte de cette chambre de François Ier avait été la porte même du château d'Anet, elle se souvenait de Diane de Poitiers et de Henri II. L'échiquier était le propre échiquier du roi Saint-Louis. Une ville de France avait offert ce rare trésor au roi Louis XVIII; le roi Louis XVIII, qui ne tenait à rien qu'à son trône et à son repas, avait donné l'échiquier du saint roi à un homme de sa maison, et cet homme l'avait vendu à M. Dusommerard. Vanité des souvenirs et du respect!

« Le lit de cette chambre de François Ier était en effet le lit du roi chevalier. Sur le matelas de l'hermaphrodite antique, Jean Goujon a posé la maîtresse du duc de Guise; le dessus de la porte a été peint par le Primatice; le Christ est d'Albert Durer; voici les étriers et l'éperon du roi de France; voici l'armure complète, le bouclier, le casque, le masque d'armes, la dague espagnole, *la bonne lame de Tolède*, comme a dit depuis le drame moderne, et les heaulmes, morions, salades, fauchars, pertuisanes, lances, arquebuses, gantelets, genouillères, tout l'attirail du soldat et du chevalier.

« Arrive à son tour l'attirail de la coquette, les miroirs, les tabliers ouvrés, la quenouille en bois avec ses fuseaux, le médaillon de François Ier, les escarcelles, les aumônières, l'horloge à quatre cadrans, jusqu'à ce qu'enfin dans le grand salon vous rencontriez la collection complète des ébènes, images, cristaux, cuivres dorés, figurines, ivoires italiens, flamands et français, mosaïques en pierres dures, oiseaux, paysages, cornalines, marqueterie, écailles, miniatures, bahuts, faïences, bas-reliefs, aiguières, coffres dont il est parlé dans Brantome, buffets, crédences, tout l'appareil de la goinfrerie, les vases brillans comme l'or, les coupes, les bassins, les verres, les vitraux, l'élégant dressoir des buffets flamands, tout ce qu'ont jamais produit en inventions ingénieuses les fabriques de Faenza, de Montpellier, de Limoges, de Flandres et de la France de Bernard Pelizzi. . . .

« Par sa bienveillance toute hospitalière, M. Dusommerard augmentait encore l'intérêt de son musée. Il en faisait les honneurs avec une exquise politesse, expliquant toutes choses à la façon d'un homme très savant, qui n'a pas renoncé à son droit d'imagination et d'invention. »

La mémoire de M. Dusommerard égalait la constance de son caractère. Une considération de M. de Sismondi, de M. Guizot, de Montesquieu, en entrant dans son esprit, ne s'en effaçait plus, parce que souvent son esprit possédait la preuve de ce que la sagacité de l'historien avait indiqué. Tout ce qu'il pouvait rencontrer dans les livres qui vînt à l'appui de ses propres découvertes, il l'apprenait à l'instant même et, une fois appris, il ne l'oubliait plus. Ou bien, commençait-il par entasser toutes les armures, tous les meubles, tous les débris qu'il pouvait rencontrer dans une seule et même époque, après quoi il s'adressait aux historiens d'autrefois pour comparer leurs livres à sa découverte, leur description écrite à sa description palpable; et que de fois, dit encore M. Jules Janin, s'est-il écrié avec une joie qui ressemblait à la joie d'un enfant : — Comme ces grands antiquaires se sont trompés !

Dans cet immense panorama du passé tous les siècles sont représentés, depuis le quatrième. Du dixième au seizième, les époques sont accusées par un plus grand nombre de monumens; M. Dusommerard s'est arrêté au seizième siècle, au Louis XIII ; il ne voulait pas de cet appui, de cette richesse ; il avait trop peur d'approcher du Louis XV, qu'il trouvait affreux.

Afin qu'au jour presque inévitable de la dispersion, ce riche ensemble ne fût pas perdu pour les arts et pour l'étude, M. Dusommerard a écrit un livre important, sous ce titre : *les Arts au moyen-âge*. Il avait publié précédemment un catalogue de sa collection qui faisait regretter, par sa supériorité même, de ne pas le voir travailler à quelque grand ouvrage sur l'état des arts durant les périodes dites de *la décadence*, de *la barbarie* et de *la renaissance*, si riches de semences et de productions remarquables de tous genres, et que Vico a si bien vengées. Cet ouvrage, M. Dusommerard le préparait en silence. Amateur intelligent, artiste passionné, il a restitué aux pensées de nos pères un intérêt que le temps avait obscurci, mais qu'il n'avait point effacé; après avoir retracé, dans des généralités larges et élevées, les vues qui ont dominé les artistes les plus distingués, il descend à l'analyse des productions particulières; l'art a pour lui des charmes, considéré dans les moyens matériels de l'exécution, dans les choses pratiques. De belles planches gravées par nos premiers dessinateurs, des récits remplis d'instruction et de particularités peu connues, de vivacité de style, modèles de l'art de décrire minutieusement les objets, font du livre de M. Dusommerard un de ces ouvrages précieux que les nations sont fières de léguer à la postérité.

Dès l'âge de vingt ans, M. Dusommerard s'occupait de littérature et d'histoire ; en 1822, il publia sous le titre de *Vues de Provins*, et sans nom d'auteur, un volume accompagné de trente lithographies, qui résume l'historique de cette ville longtemps célèbre. Il a écrit, en 1834, les notices sur l'hôtel de Cluny et sur le palais des Thermes, avec des notes sur la culture des arts, principalement dans le quinzième et le seizième siècle; il était membre de toutes les sociétés qui s'occupent d'art, d'archéologie et d'histoire.

Sa réputation d'antiquaire et d'appréciateur était si bien établie, qu'il était devenu l'oracle de tous ceux que leur goût ou leur intérêt attachait à l'art d'autrefois. M. Dusommerard fréquentait beaucoup les ventes de l'hôtel Bullion; là chacun se pressait autour de lui ; les marchands de curiosité du quai Voltaire attendaient un mot de sa bouche pour surenchérir, tandis que les commissaires-priseurs, notamment Bonnefous-Lavialle, celui qui faisait le plus de ventes de mobiliers, il y a dix ans, venaient le consulter sur la valeur des tableaux ou objets d'art qu'ils avaient entre les mains.

M. Thiers, pendant son premier ministère, visita plusieurs fois la collection de M. Dusommerard ; il y trouva un extrême intérêt. Il voulut y laisser un souvenir de sa satisfaction, et il offrit à son possesseur le grand ouvrage de M. Bastard sur les manuscrits, et l'ouvrage de M. Villemain sur les monumens français. Alors l'hôte du vieil hôtel de Cluny fut plusieurs fois appelé au château, où sa collection devint le texte des conversations les plus flatteuses. On reconnaissait qu'il avait rendu un service à l'histoire du pays et à celle de tous nos arts.

M. Dusommerard était d'une forte complexion, sa démarche était difficile ; ses traits largement caractérisés et la teinte basanée de son visage lui donnaient, au premier abord, une expression de rudesse sous laquelle on découvrait bientôt toutes les bonnes et aimables qualités de l'artiste homme du monde. Conteur spirituel, causeur piquant et jovial, éprouvant sans cesse le besoin de varier ses idées ; c'était à table surtout, au milieu d'une réunion intime et animée, qu'il se livrait à sa verve de plaisanteries et d'épigrammes ; il maniait le trait avec beaucoup de finesse, quelquefois même il s'en faisait une arme redoutable dont il usait impitoyablement. Il excellait dans le calembour et, sans parler de la fameuse chanson *rendez-nous notre père de Gand*, qu'il composa à l'époque des cent jours, nous pourrions citer un grand nombre de jeux de mots tour-à-tour satriques et plaisans, dignes d'être applaudis dans de joyeux vaudevilles. Il écrivait un jour de Liége, où un procès venait de lui enlever une forte partie d'une créance hypothécaire, à M. Lefèvre, son notaire et son ami : — Je t'envoie cette tuile de Liége. . qui n'en est pas pour cela plus légère ! — Ce trait, tout futile qu'il est en apparence, peint le caractère tout entier de M. Dusommerard ; n'est-ce pas là, en effet, la révélation frappante de cette philosophie d'artiste qui compte pour rien les échecs de la fortune, tant il élève audessus de ses caprices le sentiment enthousiaste de sa mission ?..

Dans ses dernières années, M. Dusommerard travaillait près de vingt heures par jour ! C'est cet excès de zèle, pour le beau, pour la vieille gloire de sa patrie, qui a usé ses jours, ce fut pendant un voyage qu'il fit en Italie, il y a trois ans, que se déclarèrent chez lui les premiers symptômes de l'affaiblissement graduel qui triompha si vite de sa robuste nature. Mais, du moins, il venait de fermer son sillon, d'écrire ses dernières pages sur la douzième époque, où il voulait s'arrêter pour les dissertations attachées à son livre, et, comme l'a dit un de ses biographes, il est tombé au pied du monument qu'il a mis quarante ans à élever, il est abrité par sa gloire !..

M. Dusommerard est mort à Saint-Cloud, où il s'était retiré, pendant sa longue et douloureuse maladie, le vendredi 19 août 1842. Les prodiges de son travail ont laissé moins de regrets à ses derniers momens ; il a vu venir sa fin avec résignation, et l'on peut dire de lui que sa mort a été douce à la fois et solennelle, comme celle du savant et de l'homme de bien.

Le 29 août dernier a été promulguée une loi qui classe le musée de M. Dusommerard au nombre des établissemens nationaux. Si l'âme du juste peut voir de son séjour éternel l'hommage rendu à la pensée qui l'a dirigé ici bas, celle de l'illustre antiquaire a dû tressaillir de joie, car c'était là le rêve de sa vie, la glorieuse consécration qu'il ambitionnait pour son courage. On s'occupe activement de réunir le palais des Thermes, donné par la ville, à l'hôtel de Cluny, acheté par le ministère de l'intérieur, avec la collection de M. Dusommerard, pour en former un musée moyen-âge historique.

Imp. A. François et Comp., rue du Petit-Carreau, 32.

Impr. A. François et Comp., rue du Petit-Carreau, 32.

www.ingramcontent.com/pod-product-compliance
Lightning Source LLC
LaVergne TN
LVHW052032160826
845678LV00003B/1308

* 9 7 8 2 3 2 9 6 3 5 3 8 5 *